NAME

My first year at school

MY FIRST DAY

My first day photo

Date:

Age:

Height:

Teacher:

School:

When I grow up I want to be a:

My autograph:

My first year at school

MY FAVOURITE THINGS

subject   _____

colour   _____

book   _____

place to go   _____

friends   _____

game   _____

song   _____

food   _____

holiday   _____

sport   _____

movie   _____

app   _____

My first year at school

MY SELF PORTRAIT

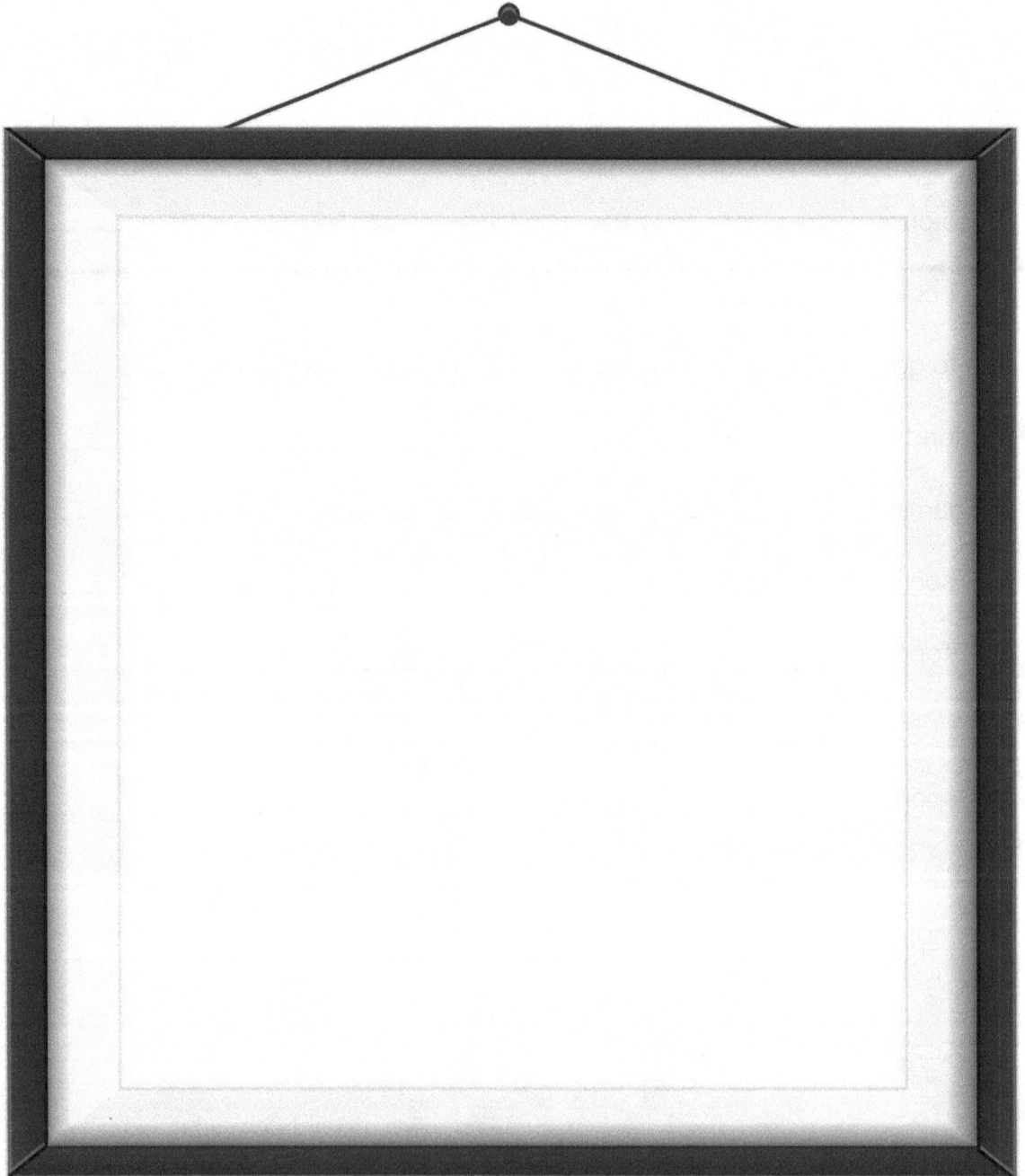

My first year at school

MY REFLECTIONS

I am proud of _____

_____

_____

_____

I did well at _____

_____

_____

_____

My biggest challenge was _____

_____

_____

The most amazing thing I learnt was _____

_____

_____

I am grateful for _____

_____

_____

My school photo

Year One

MY FIRST DAY

My first day photo

Date:

Age:

Height:

Teacher:

School:

When I grow up I want to be a:

My autograph:

Year One

MY FAVOURITE THINGS

subject _____

colour _____

book _____

place to go _____

friends _____

game _____

song _____

food _____

holiday _____

sport _____

movie _____

app _____

Year One

MY SELF PORTRAIT

Year One

MY REFLECTIONS

I am proud of _____

_____

_____

_____

I did well at _____

_____

_____

_____

My biggest challenge was _____

_____

_____

The most amazing thing I learnt was _____

_____

_____

I am grateful for _____

_____

_____

My school photo

Year Two

MY FIRST DAY

My first day photo

Date:

Age:

Height:

Teacher:

School:

When I grow up I want to be a:

My autograph:

Year Two

MY FAVOURITE THINGS

subject _____

colour _____

book _____

place to go _____

friends _____

game _____

song _____

food _____

holiday _____

sport _____

movie _____

app _____

Year Two

MY SELF PORTRAIT

Year Two

MY REFLECTIONS

I am proud of _____

_____

_____

_____

I did well at _____

_____

_____

_____

My biggest challenge was _____

_____

_____

The most amazing thing I learnt was _____

_____

_____

I am grateful for _____

_____

_____

Year Three

MY FIRST DAY

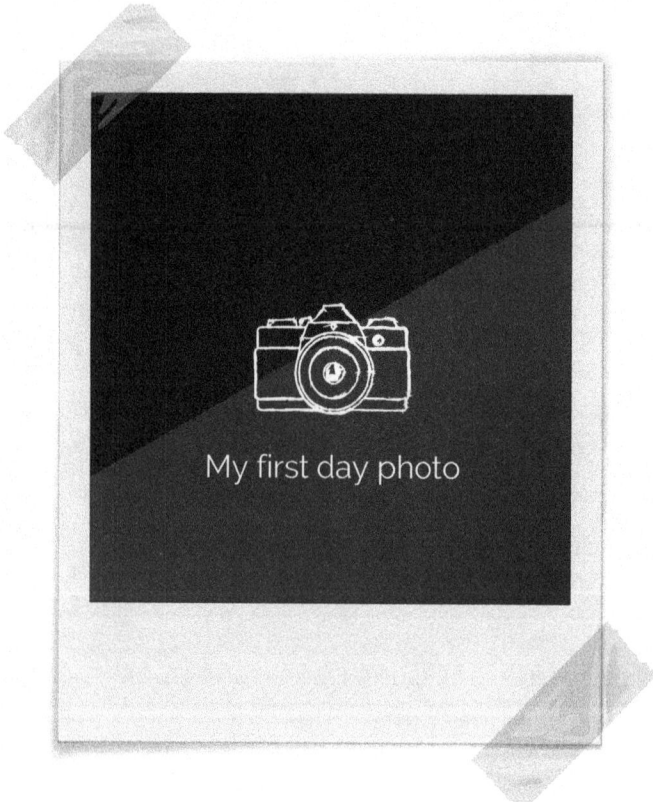

My first day photo

Date:

Age:

Height:

Teacher:

School:

When I grow up I want to be a:

My autograph:

Year Three

MY FAVOURITE THINGS

subject   _____

colour   _____

book   _____

place to go   _____

friends   _____

game   _____

song   _____

food   _____

holiday   _____

sport   _____

movie   _____

app   _____

Year Three

MY SELF PORTRAIT

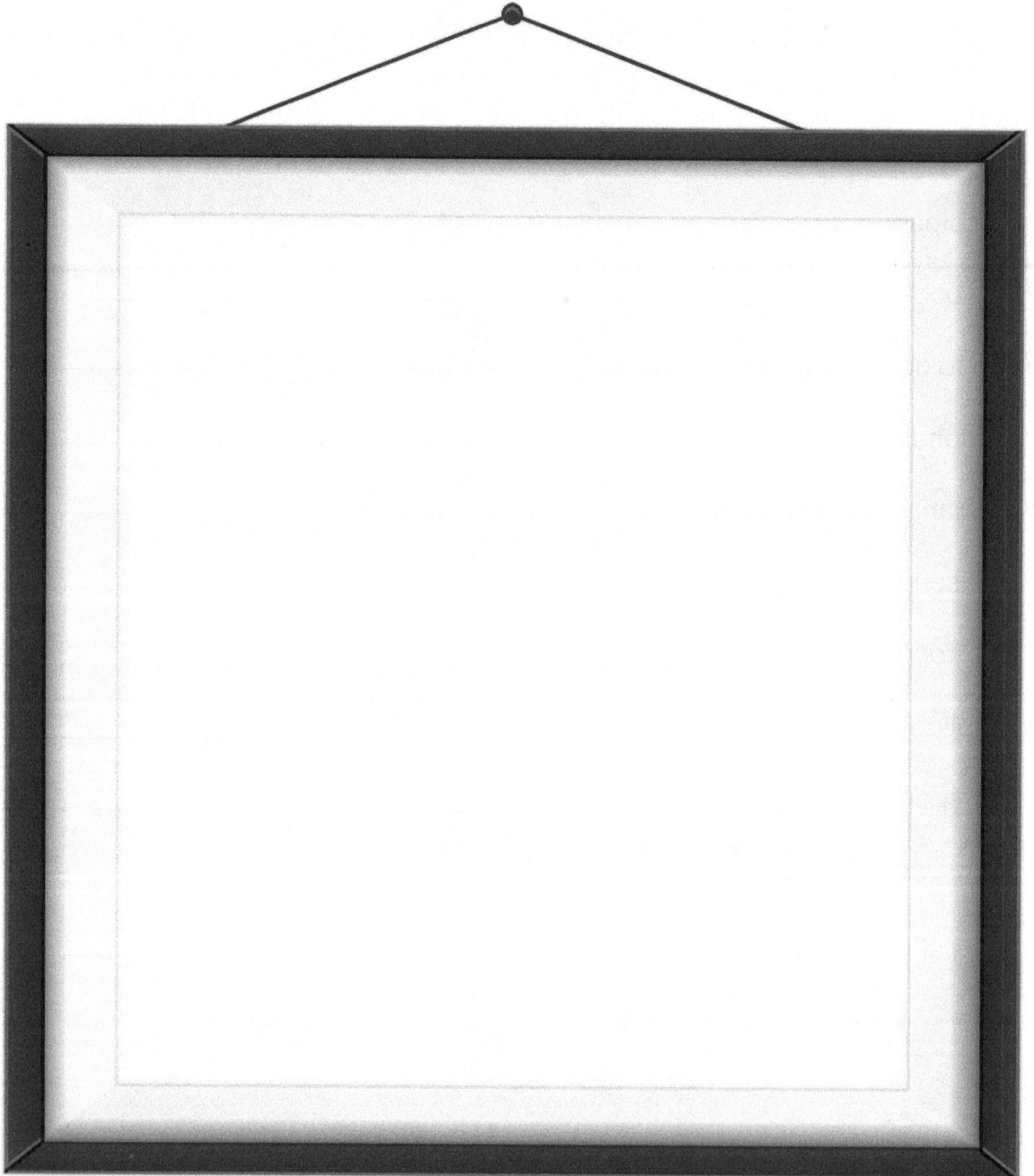

Year Three

MY REFLECTIONS

I am proud of _____

_____

_____

_____

My school photo

I did well at _____

_____

_____

_____

My biggest challenge was _____

_____

_____

The most amazing thing I learnt was _____

_____

_____

I am grateful for _____

_____

_____

Year Four

MY FIRST DAY

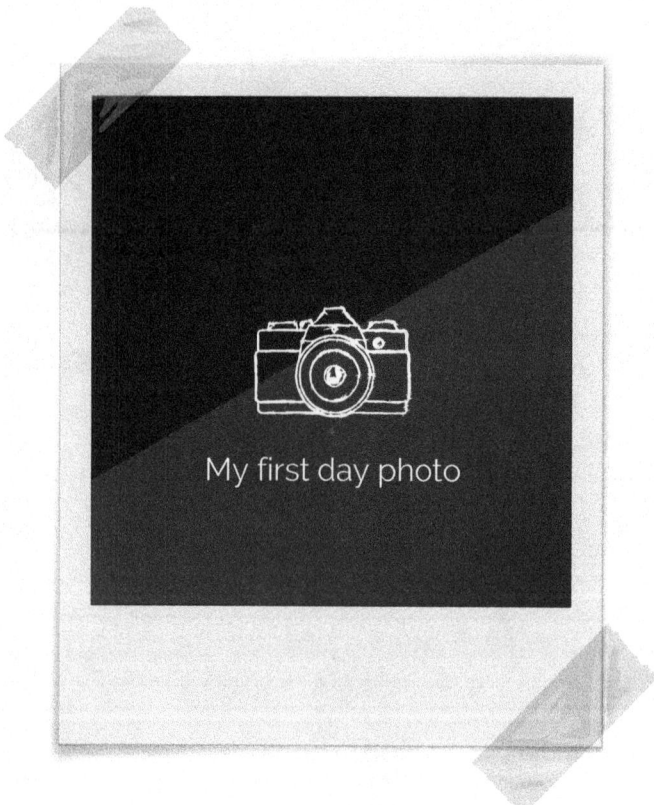

My first day photo

Date:

Age:

Height:

Teacher:

School:

When I grow up I want to be a:

My autograph:

Year Four

MY FAVOURITE THINGS

subject _____

colour _____

book _____

place to go _____

friends _____

game _____

song _____

food _____

holiday _____

sport _____

movie _____

app _____

Year Four

MY SELF PORTRAIT

Year Four

MY REFLECTIONS

I am proud of _____

_____

_____

_____

I did well at _____

_____

_____

_____

My biggest challenge was _____

_____

_____

The most amazing thing I learnt was _____

_____

_____

I am grateful for _____

_____

_____

My school photo

Year Five

MY FIRST DAY

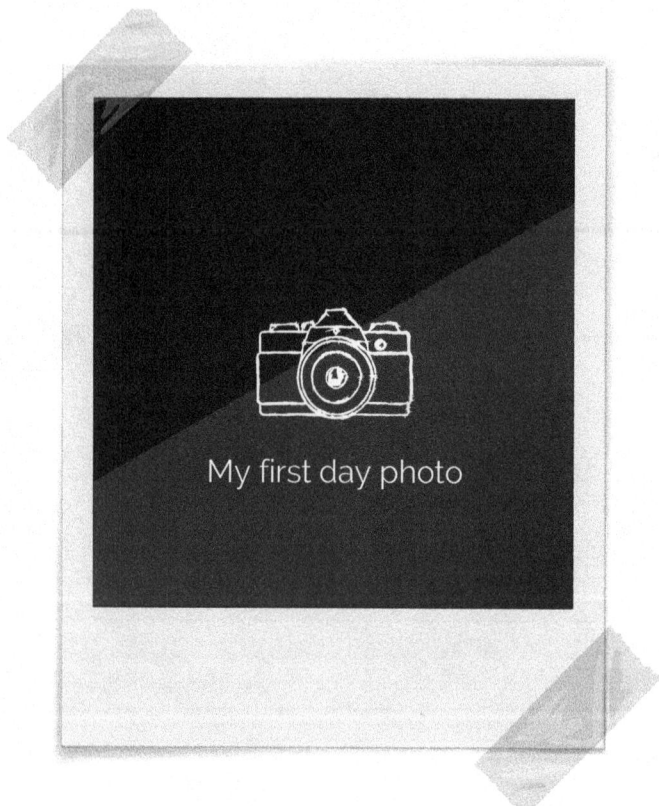

My first day photo

Date:

Age:

Height:

Teacher:

School:

When I grow up I want to be a:

My autograph:

Year Five

MY FAVOURITE THINGS

subject _____

colour _____

book _____

place to go _____

friends _____

game _____

song _____

food _____

holiday _____

sport _____

movie _____

app _____

Year Five

MY SELF PORTRAIT

Year Five

MY REFLECTIONS

I am proud of _____

_____

_____

_____

My school photo

I did well at _____

_____

_____

_____

My biggest challenge was _____

_____

_____

The most amazing thing I learnt was _____

_____

_____

I am grateful for _____

_____

_____

Year Six

MY FIRST DAY

My first day photo

Date:

Age:

Height:

Teacher:

School:

When I grow up I want to be a:

My autograph:

Year Six

MY FAVOURITE THINGS

subject _____

colour _____

book _____

place to go _____

friends _____

game _____

song _____

food _____

holiday _____

sport _____

movie _____

app _____

Year Six

MY SELF PORTRAIT

Year Six

MY REFLECTIONS

I am proud of _____

_____

_____

_____

I did well at _____

_____

_____

_____

My school photo

My biggest challenge was _____

_____

_____

The most amazing thing I learnt was _____

_____

_____

I am grateful for _____

_____

_____

Year Seven

MY FIRST DAY

My first day photo

Date:

Age:

Height:

Teacher:

School:

When I grow up I want to be a:

My autograph:

Year Seven

MY FAVOURITE THINGS

subject _____

colour _____

book _____

place to go _____

friends _____

game _____

song _____

food _____

holiday _____

sport _____

movie _____

app _____

Year Seven

MY SELF PORTRAIT

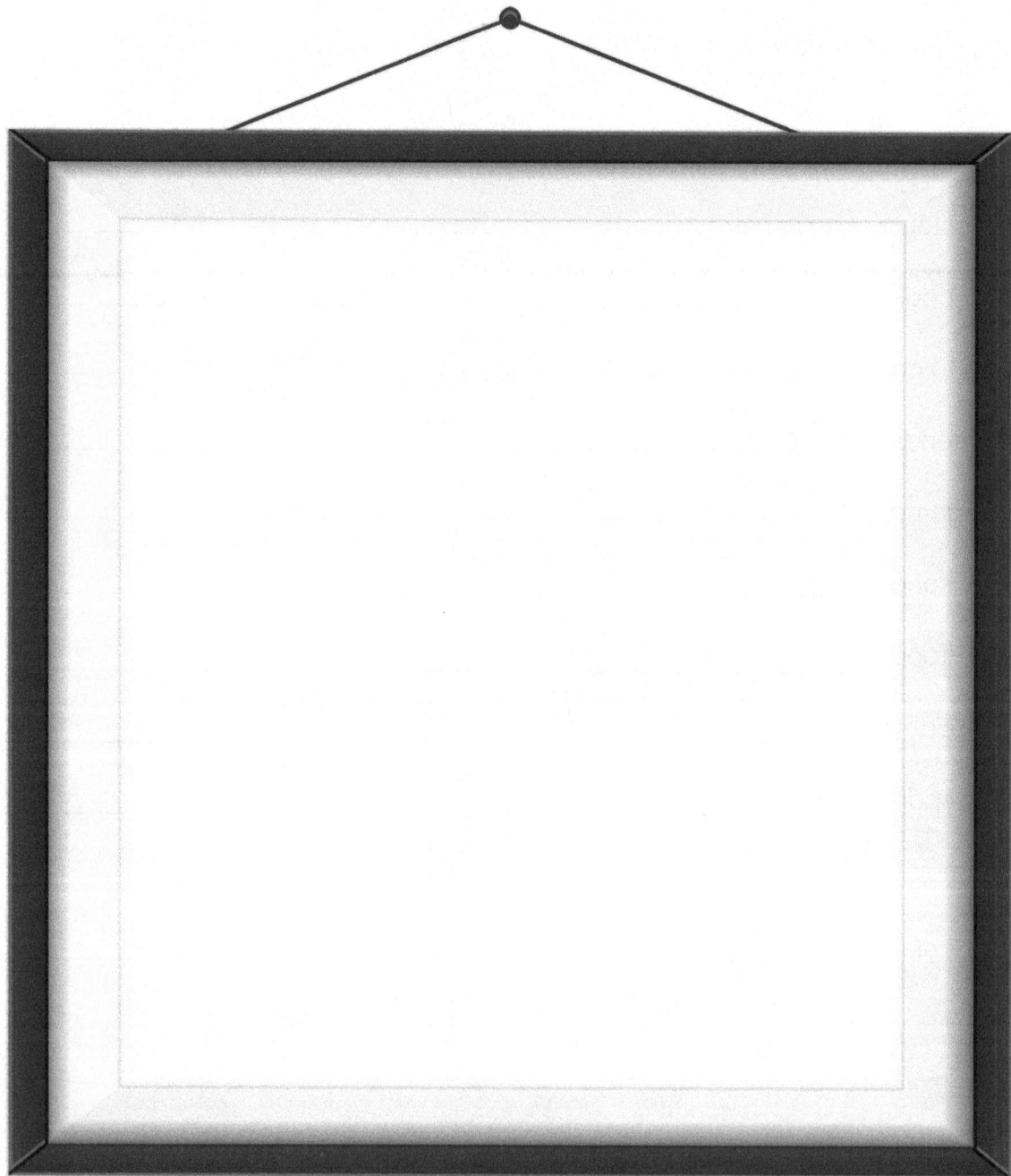

Year Seven

MY REFLECTIONS

I am proud of _____

_____

_____

_____

My school photo

I did well at _____

_____

_____

_____

My biggest challenge was _____

_____

_____

The most amazing thing I learnt was _____

_____

_____

I am grateful for _____

_____

_____

Year Eight

MY FIRST DAY

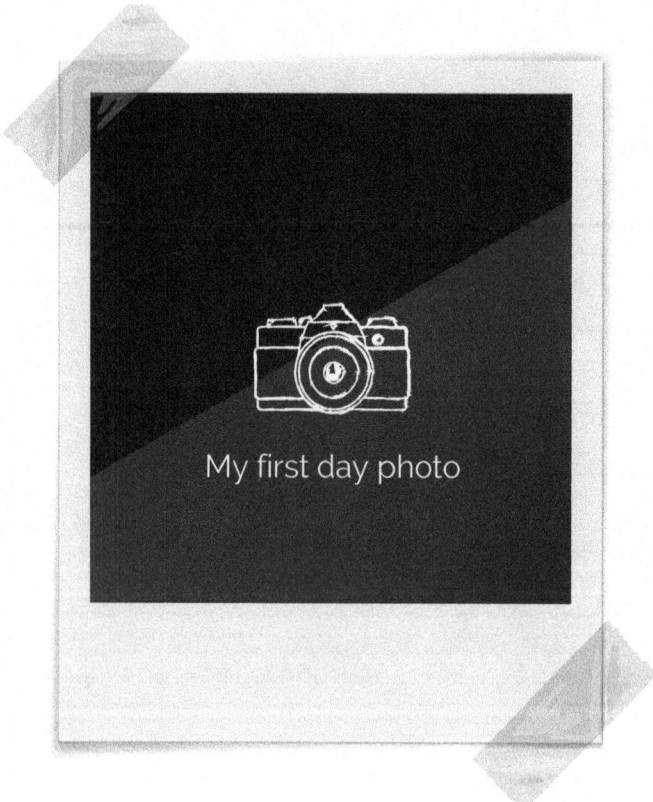

My first day photo

Date:

Age:

Height:

Teacher:

School:

When I grow up I want to be a:

My autograph:

Year Eight

MY FAVOURITE THINGS

subject _____

colour _____

book _____

place to go _____

friends _____

game _____

song _____

food _____

holiday _____

sport _____

movie _____

app _____

Year Eight

MY SELF PORTRAIT

Year Eight

MY REFLECTIONS

I am proud of _____

_____

_____

_____

I did well at _____

_____

_____

_____

My biggest challenge was _____

_____

_____

The most amazing thing I learnt was _____

_____

_____

I am grateful for _____

_____

_____

My school photo

Year Nine

MY FIRST DAY

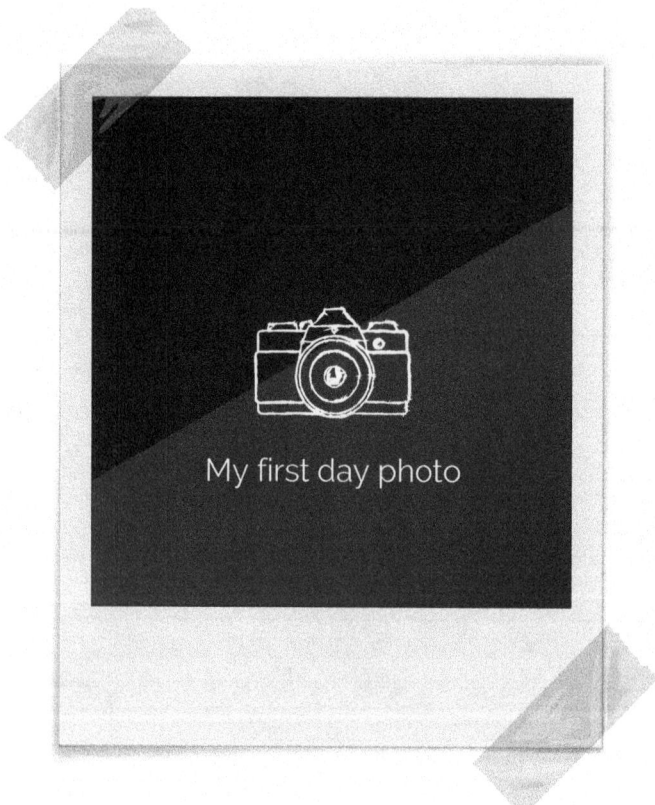

My first day photo

Date:

Age:

Height:

Teacher:

School:

When I grow up I want to be a:

My autograph:

Year Nine

MY FAVOURITE THINGS

subject _____

colour _____

book _____

place to go _____

friends _____

game _____

song _____

food _____

holiday _____

sport _____

movie _____

app _____

Year Nine

MY SELF PORTRAIT

Year Nine

MY REFLECTIONS

I am proud of _____

_____

_____

_____

I did well at _____

_____

_____

_____

My biggest challenge was _____

_____

_____

The most amazing thing I learnt was _____

_____

_____

I am grateful for _____

_____

_____

Year Ten

MY FIRST DAY

My first day photo

Date:

Age:

Height:

Teacher:

School:

When I grow up I want to be a:

My autograph:

Year Ten

MY FAVOURITE THINGS

subject   _____

colour   _____

book   _____

place to go   _____

friends   _____

game   _____

song   _____

food   _____

holiday   _____

sport   _____

movie   _____

app   _____

Year Ten

MY SELF PORTRAIT

Year Ten

MY REFLECTIONS

I am proud of _____

_____

_____

_____

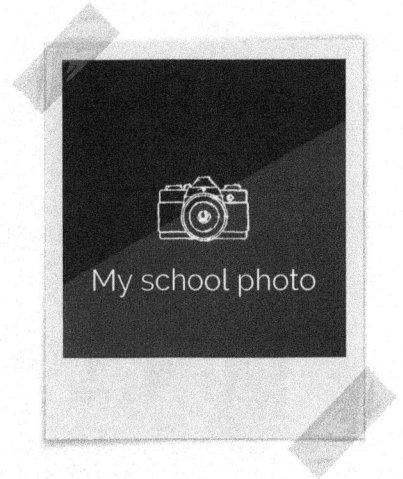

My school photo

I did well at _____

_____

_____

_____

My biggest challenge was _____

_____

_____

The most amazing thing I learnt was _____

_____

_____

I am grateful for _____

_____

_____

Year Eleven

MY FIRST DAY

My first day photo

Date:

Age:

Height:

Teacher:

School:

When I grow up I want to be a:

My autograph:

Year Eleven

MY FAVOURITE THINGS

subject _____

colour _____

book _____

place to go _____

friends _____

game _____

song _____

food _____

holiday _____

sport _____

movie _____

app _____

Year Eleven

MY SELF PORTRAIT

Year Eleven

MY REFLECTIONS

I am proud of _____

_____

_____

_____

My school photo

I did well at _____

_____

_____

_____

My biggest challenge was _____

_____

_____

The most amazing thing I learnt was _____

_____

_____

I am grateful for _____

_____

_____

Year Twelve

MY FIRST DAY

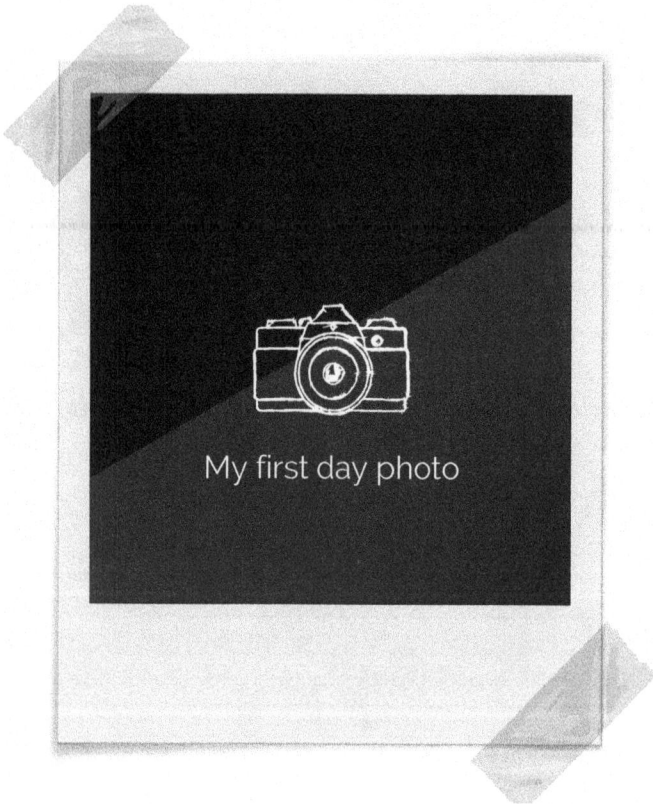

Date:

Age:

Height:

Teacher:

School:

When I grow up I want to be a:

My autograph:

Year Twelve

MY FAVOURITE THINGS

subject _____

colour _____

book _____

place to go _____

friends _____

game _____

song _____

food _____

holiday _____

sport _____

movie _____

app _____

Year Twelve

MY SELF PORTRAIT

Year Twelve

MY REFLECTIONS

I am proud of _____

_____

_____

_____

I did well at _____

_____

_____

_____

My school photo

My biggest challenge was _____

_____

_____

The most amazing thing I learnt was _____

_____

_____

I am grateful for _____

_____

_____

* 9 7 8 0 6 4 8 8 7 4 1 3 3 *